全国人民代表大会常务委员会公报版

中华人民共和国立法法

（最新修正

中国民主法制出版社

图书在版编目（CIP）数据

中华人民共和国立法法：最新修正本/全国人大常委会办公厅供稿．—北京：中国民主法制出版社，2023.3

ISBN 978-7-5162-2661-2

Ⅰ.①中…　Ⅱ.①全…　Ⅲ.①立法法—中国　Ⅳ.①D921.11

中国国家版本馆 CIP 数据核字（2023）第 039434 号

书名/中华人民共和国立法法

出版·发行/中国民主法制出版社
地址/北京市丰台区右安门外玉林里 7 号（100069）
电话/（010）63055259（总编室）　63058068　63057714（营销中心）
传真/（010）63055259
http://www.npcpub.com
E-mail:mzfz@npcpub.com
经销/新华书店
开本/32 开　850 毫米×1168 毫米
印张/2.5　**字数**/41 千字
版本/2023 年 3 月第 1 版　2023 年 3 月第 1 次印刷
印刷/三河市宏图印务有限公司

书号/ISBN 978-7-5162-2661-2
定价/10.00 元

目　　录

中华人民共和国主席令

第三号

《全国人民代表大会关于修改〈中华人民共和国立法法〉的决定》已由中华人民共和国第十四届全国人民代表大会第一次会议于 2023 年 3 月 13 日通过，现予公布，自 2023 年 3 月 15 日起施行。

中华人民共和国主席　习近平

2023 年 3 月 13 日

全国人民代表大会关于修改《中华人民共和国立法法》的决定

（2023 年 3 月 13 日第十四届全国人民代表大会第一次会议通过）

第十四届全国人民代表大会第一次会议决定对《中华人民共和国立法法》作如下修改：

一、将第三条改为两条，作为第三条、第四条，修改为：

“第三条　立法应当坚持中国共产党的领导，坚持以马克思列宁主义、毛泽东思想、邓小平理论、‘三个代表’重要思想、科学发展观、习近平新时代中国特色社会主义思想为指导，推进中国特色社会主义法治体系建设，保障在法治轨道上全面建设社会主义现代化国家。

“第四条　立法应当坚持以经济建设为中心，坚持改革开放，贯彻新发展理念，保障以中国式现代化全面推进中华民族伟大复兴。”

二、将第四条改为第五条，修改为：“立法应当符合宪法的规定、原则和精神，依照法定的权限和程序，从国家整体利益出发，维护社会主义法制的统一、尊严、权威。”

三、将第五条改为第六条，增加一款，作为第一款：“立法应当坚持和发展全过程人民民主，尊重和保障人权，保障和促进社会公平正义。”

四、增加一条，作为第八条：“立法应当倡导和弘扬社会主义核心价值观，坚持依法治国和以德治国相结合，铸牢中华民族共同体意识，推动社会主义精神文明建设。”

五、增加一条，作为第九条：“立法应当适应改革需要，坚持在法治下推进改革和在改革中完善法治相统一，引导、推动、规范、保障相关改革，发挥法治在国家治理体系和治理能力现代化中的重要作用。”

六、将第七条改为第十条，第一款修改为：“全国人民代表大会和全国人民代表大会常务委员会根据宪法规定行使国家立法权。”

增加一款，作为第四款：“全国人民代表大会可以授权全国人民代表大会常务委员会制定相关法律。”

七、将第八条改为第十一条，第二项修改为：

“（二）各级人民代表大会、人民政府、监察委员会、人民法院和人民检察院的产生、组织和职权”。

第十项修改为：“（十）诉讼制度和仲裁基本制度”。

八、将第十三条改为第十六条，修改为：“全国人民代表大会及其常务委员会可以根据改革发展的需要，决定就特定事项授权在规定期限和范围内暂时调整或者暂时停止适用法律的部分规定。

“暂时调整或者暂时停止适用法律的部分规定的事项，实践证明可行的，由全国人民代表大会及其常务委员会及时修改有关法律；修改法律的条件尚不成熟的，可以延长授权的期限，或者恢复施行有关法律规定。”

九、将第十七条改为第二十条，修改为：“常务委员会决定提请全国人民代表大会会议审议的法律案，应当在会议举行的一个月前将法律草案发给代表，并可以适时组织代表研读讨论，征求代表的意见。”

十、将第二十条改为第二十三条，修改为：“列入全国人民代表大会会议议程的法律案，由宪法和法律委员会根据各代表团和有关的专门委员会的审议意见，对法律案进行统一审议，向主席团提出审议结果报告和法律草案修改稿，对涉及的合宪性问题以及重要的不同意见应当在审议结果报告中予以说明，经主席团会议审议通过后，印发会议。”

十一、将第三十条改为第三十三条，修改为：“列入常务委员会会议议程的法律案，各方面的意见比较一致的，可以经两次常务委员会会议审议后交付表决；调整事项较为单一或者部分修改的法律案，各方面的意见比较一致，或者遇有紧急情形的，也可以经一次常务委员会会议审议即交付表决。”

十二、将第三十三条改为第三十六条，修改为：“列入常务委员会会议议程的法律案，由宪法和法律委员会根据常务委员会组成人员、有关的专门委员会的审议意见和各方面提出的意见，对法律案进行统一审议，提出修改情况的汇报或者审议结果报告和法律草案修改稿，对涉及的合宪性问题以及重要的不同意见应当在修改情况的汇报或者审议结果报告中予以说明。对有关的专门委员会的审议意见没有采纳的，应当向有关的专门委员会反馈。

“宪法和法律委员会审议法律案时，应当邀请有关的专门委员会的成员列席会议，发表意见。”

十三、将第四十二条改为第四十五条，修改为：“列入常务委员会会议审议的法律案，因各方面对制定该法律的必要性、可行性等重大问题存在较大意见分歧搁置审议满两年的，或者因暂不付表决经过两年没有再次列入常务委员会会议议程审议的，委员长会议可以决定终止审议，并向常务委员会报告；必要时，委员长会议也可以决定延期审议。”

十四、将第四十六条改为第四十九条，修改为：“国务院、中央军事委员会、国家监察委员会、最高人民法院、最高人民检察院、全国人民代表大会各专门委员会，可以向全国人民代表大会常务委员会提出法律解释要求或者提出相关法律案。

“省、自治区、直辖市的人民代表大会常务委员会可以向全国人民代表大会常务委员会提出法律解释要求。”

十五、增加一条，作为第五十五条：“全国人民代表大会及其常务委员会坚持科学立法、民主立法、依法立法，通过制定、修改、废止、解释法律和编纂法典等多种形式，增强立法的系统性、整体性、协同性、时效性。”

十六、将第五十二条改为第五十六条，修改为：“全国人民代表大会常务委员会通过立法规划和年度立法计划、专项立法计划等形式，加强对立法工作的统筹安排。编制立法规划和立法计划，应当认真研究代表议案和建议，广泛征集意见，科学论证评估，根据经济社会发展和民主法治建设的需要，按照加强重点领域、新兴领域、涉外领域立法的要求，确定立法项目。立法规划和立法计划由委员长会议通过并向社会公布。

“全国人民代表大会常务委员会工作机构负责编制立法规划、拟订立法计划，并按照全国人民代表大会常务委员会的要求，督促立法规划和立法计划的落实。”

十七、将第五十四条改为第五十八条，修改为：“提出法律案，应当同时提出法律草案文本及其说明，并提供必要的参阅资料。修改法律的，还应当提交修改前后的对照文本。法律草案的说明应当包括制定或者修改法律的必要性、可行性和主要内容，涉及合宪性问题的相关意见以及起草过程中对重大分歧意见的协调处理情况。”

十八、将第五十八条改为第六十二条，第二款修改为：“法律签署公布后，法律文本以及法律草案的说明、审议结果报告等，应当及时在全国人民代表大会常务委员会公报和中国人大网以及在全国范围内发行的报纸上刊载。”

十九、将第六十一条改为第六十五条，增加一款，作为第四款：“全国人民代表大会常务委员会工作机构编制立法技术规范。”

二十、增加一条，作为第六十八条：“全国人民代表大会及其常务委员会作出有关法律问题的决定，适用本法的有关规定。”

二十一、增加一条，作为第七十条：“全国人民代表大会常务委员会工作机构根据实际需要设立基层立法联系点，深入听取基层群众和有关方面对法律草案和立法工作的意见。”

二十二、增加一条，作为第七十一条：“全国人民代表大会常务委员会工作机构加强立法宣传工作，通过多种形式发布立法信息、介绍情况、回应关切。”

二十三、增加一条，作为第七十九条：“国务院可以根据改革发展的需要，决定就行政管理等领域的特定事项，在规定期限和范围内暂时调整或者暂时停止适用行政法规的部分规定。”

二十四、将第七十二条改为两条，第一款作为第八十条；第二款作为第八十一条第一款，修改为：“设区的市的人民代表大会及其常务委员会根据本市的具体情况和实际需要，在不同宪法、法律、行政法规和本省、自治区的地方性法规相抵触的前提下，可以对城乡建设与管理、生态文明建设、历史文化保护、基层治理等方面的事项制定地方性法规，法律对设区的市制定地方性法规的事项另有规定的，从其规定。设区的市的地方性法规须报省、自治区的人民代表大会常务委员会批准后施行。省、自治区的人民代表大会常务委员会对报请批准的地方性法规，应当对其合法性进行审查，认为同宪法、法律、行政法规和本省、自治区的地方性法规不抵触的，应当在四个月内予以批准”；第三、四、五、六款分别作为第八十一条第二、三、四、五款。

二十五、增加一条，作为第八十三条：“省、自治区、直辖市和设区的市、自治州的人民代表大会及其常务委员会根据区域协调发展的需要，可以协同制定地方性法规，在本行政区域或者有关区域内实施。

“省、自治区、直辖市和设区的市、自治州可以建立区域协同立法工作机制。”

二十六、将第七十四条改为第八十四条，增加两款，作为第二款、第三款：“上海市人民代表大会及其常务委员会根据全国人民代表大会常务委员会的授权决定，制定浦东新区法规，在浦东新区实施。

“海南省人民代表大会及其常务委员会根据法律规定，制定海南自由贸易港法规，在海南自由贸易港范围内实施。”

二十七、将第七十九条改为第八十九条，第一款修改为：“地方性法规、自治条例和单行条例公布后，其文本以及草案的说明、审议结果报告等，应当及时在本级人民代表大会常务委员会公报和中国人大网、本地方人民代表大会网站以及在本行政区域范围内发行的报纸上刊载。”

二十八、增加一条，作为第九十条：“省、自治区、直辖市和设区的市、自治州的人民代表大会常务委员会根据实际需要设立基层立法联系点，深入听取基层群众和有关方面对地方性法规、自治条例和单行条例草案的意见。”

二十九、将第八十条改为第九十一条，第一款修改为：“国务院各部、委员会、中国人民银行、审计署和具有行政管理职能的直属机构以及法律规定的机构，可以根据法律和国务院的行政法规、决定、命令，在本部门的权限范围内，制定规章。”

三十、将第八十二条改为第九十三条，第三款修改为：“设区的市、自治州的人民政府根据本条第一款、第二款制定地方政府规章，限于城乡建设与管理、生态文明建设、历史文化保护、基层治理等方面的事项。已经制定的地方政府规章，涉及上述事项范围以外的，继续有效。”

三十一、将第九十八条改为第一百零九条，第五项修改为：“（五）根据授权制定的法规应当报授权决定规定的机关备案；经济特区法规、浦东新区法规、海南自由贸易港法规报送备案时，应当说明变通的情况”。

三十二、将第九十九条第一款、第二款改为第一百一十条，修改为：“国务院、中央军事委员会、国家监察委员会、最高人民法院、最高人民检察院和各省、自治区、直辖市的人民代表大会常务委员会认为行政法规、地方性法规、自治条例和单行条例同宪法或者法律相抵触，或者存在合宪性、合法性问题的，可以向全国人民代表大会常务委员会书面提出进行审查的要求，由全国人民代表大会有关的专门委员会和常务委员会工作机构进行审查、提出意见。

“前款规定以外的其他国家机关和社会团体、企业事业组织以及公民认为行政法规、地方性法规、自治条例和单行条例同宪法或者法律相抵触的，可以向全国人民代表大会常务委员会书面提出进行审查的建议，由常务委员会工作机构进行审查；必要时，送有关的专门委员会进行审查、提出意见。”

三十三、增加一条，作为第一百一十一条，将第九十九条第三款修改后作为本条第一款："全国人民代表大会专门委员会、常务委员会工作机构可以对报送备案的行政法规、地方性法规、自治条例和单行条例等进行主动审查，并可以根据需要进行专项审查。"

增加一款，作为第一百一十一条第二款："国务院备案审查工作机构可以对报送备案的地方性法规、自治条例和单行条例，部门规章和省、自治区、直辖市的人民政府制定的规章进行主动审查，并可以根据需要进行专项审查。"

三十四、将第一百条改为第一百一十二条，修改为："全国人民代表大会专门委员会、常务委员会工作机构在审查中认为行政法规、地方性法规、自治条例和单行条例同宪法或者法律相抵触，或者存在合宪性、合法性问题的，可以向制定机关提出书面审查意见；也可以由宪法和法律委员会与有关的专门委员会、常务委员会工作机构召开联合审查会议，要求制定机关到会说明情况，再向制定机关提出书面审查意见。制定机关应当在两个月内研究提出是否修改或者废止的意见，并向全国人民代表大会宪法和法律委员会、有关的专门委员会或者常务委员会工作机构反馈。

"全国人民代表大会宪法和法律委员会、有关的专门委员会、常务委员会工作机构根据前款规定，向制定机关提出审查意见，制定机关按照所提意见对行政法规、地方性法规、自治条例和单行条例进行修改或者废止的，审查终止。

“全国人民代表大会宪法和法律委员会、有关的专门委员会、常务委员会工作机构经审查认为行政法规、地方性法规、自治条例和单行条例同宪法或者法律相抵触，或者存在合宪性、合法性问题需要修改或者废止，而制定机关不予修改或者废止的，应当向委员长会议提出予以撤销的议案、建议，由委员长会议决定提请常务委员会会议审议决定。”

三十五、将第一百零一条改为第一百一十三条，修改为：“全国人民代表大会有关的专门委员会、常务委员会工作机构应当按照规定要求，将审查情况向提出审查建议的国家机关、社会团体、企业事业组织以及公民反馈，并可以向社会公开。”

三十六、增加一条，作为第一百一十五条：“备案审查机关应当建立健全备案审查衔接联动机制，对应当由其他机关处理的审查要求或者审查建议，及时移送有关机关处理。”

三十七、增加一条，作为第一百一十六条：“对法律、行政法规、地方性法规、自治条例和单行条例、规章和其他规范性文件，制定机关根据维护法制统一的原则和改革发展的需要进行清理。”

三十八、将第一百零三条改为第一百一十七条，第二款修改为：“中国人民解放军各战区、军兵种和中国人民武装警察部队，可以根据法律和中央军事委员会的军事法规、决定、命令，在其权限范围内，制定军事规章。”

三十九、增加一条，作为第一百一十八条：“国家监察委员会根据宪法和法律、全国人民代表大会常务委员会的有关决定，制定监察法规，报全国人民代表大会常务委员会备案。”

四十、对部分条文中的有关表述作以下修改：

（一）在第十四条第二款、第二十六条第二款中的“中央军事委员会”后增加“国家监察委员会”。

（二）将第二十四条、第二十九条第三款和第四款、第三十六条第一款、第三十九条、第四十一条第一款、第四十八条中的“法律委员会”修改为“宪法和法律委员会”；将第三十八条、第四十一条第三款、第六十条第二款中的“法律委员会和”修改为“宪法和法律委员会、”。

（三）将第六十六条第一款中的“立法规划和年度立法计划”修改为“立法规划和立法计划”。

海南省儋州市比照适用《中华人民共和国立法法》有关赋予设区的市地方立法权的规定。

本决定自2023年3月15日起施行。

《中华人民共和国立法法》根据本决定作相应修改并对条文顺序作相应调整，重新公布。

中华人民共和国立法法

（2000 年 3 月 15 日第九届全国人民代表大会第三次会议通过　根据 2015 年 3 月 15 日第十二届全国人民代表大会第三次会议《关于修改〈中华人民共和国立法法〉的决定》第一次修正　根据 2023 年 3 月 13 日第十四届全国人民代表大会第一次会议《关于修改〈中华人民共和国立法法〉的决定》第二次修正）

目　录

第一章　总　　则

第一条　为了规范立法活动，健全国家立法制度，提高立法质量，完善中国特色社会主义法律体系，发挥立法的引领和推动作用，保障和发展社会主义民主，全面推进依法治国，建设社会主义法治国家，根据宪法，制定本法。

第二条　法律、行政法规、地方性法规、自治条例和单行条例的制定、修改和废止，适用本法。

国务院部门规章和地方政府规章的制定、修改和废止，依照本法的有关规定执行。

第三条　立法应当坚持中国共产党的领导，坚持以马克思列宁主义、毛泽东思想、邓小平理论、“三个代表”重要思想、科学发展观、习近平新时代中国特色社会主义思想为指导，推进中国特色社会主义法治体系建设，保障在法治轨道上全面建设社会主义现代化国家。

第四条　立法应当坚持以经济建设为中心，坚持改革开放，贯彻新发展理念，保障以中国式现代化全面推进中华民族伟大复兴。

第五条　立法应当符合宪法的规定、原则和精神，依照法定的权限和程序，从国家整体利益出发，维护社会主义法制的统一、尊严、权威。

第六条　立法应当坚持和发展全过程人民民主，尊重和保障人权，保障和促进社会公平正义。

立法应当体现人民的意志，发扬社会主义民主，坚持立法公开，保障人民通过多种途径参与立法活动。

第七条　立法应当从实际出发，适应经济社会发展和全面深化改革的要求，科学合理地规定公民、法人和其他组织的权利与义务、国家机关的权力与责任。

法律规范应当明确、具体，具有针对性和可执行性。

第八条　立法应当倡导和弘扬社会主义核心价值观，坚持依法治国和以德治国相结合，铸牢中华民族共同体意识，推动社会主义精神文明建设。

第九条　立法应当适应改革需要，坚持在法治下推进改革和在改革中完善法治相统一，引导、推动、规范、保障相关改革，发挥法治在国家治理体系和治理能力现代化中的重要作用。

第二章　法　　律

第一节　立法权限

第十条　全国人民代表大会和全国人民代表大会常务委员会根据宪法规定行使国家立法权。

全国人民代表大会制定和修改刑事、民事、国家机构的和其他的基本法律。

全国人民代表大会常务委员会制定和修改除应当由全国人民代表大会制定的法律以外的其他法律；在全国人民代表大会闭会期间，对全国人民代表大会制定的法律进行部分补充和修改，但是不得同该法律的基本原则相抵触。

全国人民代表大会可以授权全国人民代表大会常务委员会制定相关法律。

第十一条　下列事项只能制定法律：

（一）国家主权的事项；

（二）各级人民代表大会、人民政府、监察委员会、人民法院和人民检察院的产生、组织和职权；

（三）民族区域自治制度、特别行政区制度、基层群众自治制度；

（四）犯罪和刑罚；

（五）对公民政治权利的剥夺、限制人身自由的强制措施和处罚；

（六）税种的设立、税率的确定和税收征收管理等税收基本制度；

（七）对非国有财产的征收、征用；

（八）民事基本制度；

（九）基本经济制度以及财政、海关、金融和外贸的基本制度；

（十）诉讼制度和仲裁基本制度；

（十一）必须由全国人民代表大会及其常务委员会制定法律的其他事项。

第十二条　本法第十一条规定的事项尚未制定法律的，全国人民代表大会及其常务委员会有权作出决定，授权国务院可以根据实际需要，对其中的部分事项先制定行政法规，但是有关犯罪和刑罚、对公民政治权利的剥夺和限制人身自由的强制措施和处罚、司法制度等事项除外。

第十三条　授权决定应当明确授权的目的、事项、范围、期限以及被授权机关实施授权决定应当遵循的原则等。

授权的期限不得超过五年，但是授权决定另有规定的除外。

被授权机关应当在授权期限届满的六个月以前，向授权机关报告授权决定实施的情况，并提出是否需要制定有关法律的意见；需要继续授权的，可以提出相关意见，由全国人民代表大会及其常务委员会决定。

第十四条　授权立法事项，经过实践检验，制定法律的条件成熟时，由全国人民代表大会及其常务委员会及时制定法律。法律制定后，相应立法事项的授权终止。

第十五条　被授权机关应当严格按照授权决定行使被授予的权力。

被授权机关不得将被授予的权力转授给其他机关。

第十六条　全国人民代表大会及其常务委员会可以根据改革发展的需要，决定就特定事项授权在规定期限和范围内暂时调整或者暂时停止适用法律的部分规定。

暂时调整或者暂时停止适用法律的部分规定的事项，实践证明可行的，由全国人民代表大会及其常务委员会及时修改有关法律；修改法律的条件尚不成熟的，可以延长授权的期限，或者恢复施行有关法律规定。

第二节　全国人民代表大会立法程序

第十七条　全国人民代表大会主席团可以向全国人民代表大会提出法律案，由全国人民代表大会会议审议。

全国人民代表大会常务委员会、国务院、中央军事委员会、国家监察委员会、最高人民法院、最高人民检察院、全国人民代表大会各专门委员会，可以向全国人民代表大会提出法律案，由主席团决定列入会议议程。

第十八条　一个代表团或者三十名以上的代表联名，可以向全国人民代表大会提出法律案，由主席团决定是否列入会议议程，或者先交有关的专门委员会审议、提出是否列入会议议程的意见，再决定是否列入会议议程。

专门委员会审议的时候，可以邀请提案人列席会议，发表意见。

第十九条　向全国人民代表大会提出的法律案，在全国人民代表大会闭会期间，可以先向常务委员会提出，经常务委员会会议依照本法第二章第三节规定的有关程序审议后，决定提请全国人民代表大会审议，由常务委员会向大会全体会议作说明，或者由提案人向大会全体会议作说明。

常务委员会依照前款规定审议法律案，应当通过多种形式征求全国人民代表大会代表的意见，并将有关情况予以反馈；专门委员会和常务委员会工作机构进行立法调研，可以邀请有关的全国人民代表大会代表参加。

第二十条　常务委员会决定提请全国人民代表大会会议审议的法律案，应当在会议举行的一个月前将法律草案发给代表，并可以适时组织代表研读讨论，征求代表的意见。

第二十一条　列入全国人民代表大会会议议程的法律案，大会全体会议听取提案人的说明后，由各代表团进行审议。

各代表团审议法律案时，提案人应当派人听取意见，回答询问。

各代表团审议法律案时，根据代表团的要求，有关机关、组织应当派人介绍情况。

第二十二条　列入全国人民代表大会会议议程的法律案，由有关的专门委员会进行审议，向主席团提出审议意见，并印发会议。

第二十三条　列入全国人民代表大会会议议程的法律案，由宪法和法律委员会根据各代表团和有关的专门委员会的审议意见，对法律案进行统一审议，向主席团提出审议结果报告和法律草案修改稿，对涉及的合宪性问题以及重要的不同意见应当在审议结果报告中予以说明，经主席团会议审议通过后，印发会议。

第二十四条　列入全国人民代表大会会议议程的法律案，必要时，主席团常务主席可以召开各代表团团长会议，就法律案中的重大问题听取各代表团的审议意见，进行讨论，并将讨论的情况和意见向主席团报告。

主席团常务主席也可以就法律案中的重大的专门性问题，召集代表团推选的有关代表进行讨论，并将讨论的情况和意见向主席团报告。

第二十五条　列入全国人民代表大会会议议程的法律案，在交付表决前，提案人要求撤回的，应当说明理由，经主席团同意，并向大会报告，对该法律案的审议即行终止。

第二十六条　法律案在审议中有重大问题需要进一步研究的，经主席团提出，由大会全体会议决定，可以授权常务委员会根据代表的意见进一步审议，作出决定，并将决定情况向全国人民代表大会下次会议报告；也可以授权常务委员会根据代表的意见进一步审议，提出修改方案，提请全国人民代表大会下次会议审议决定。

第二十七条　法律草案修改稿经各代表团审议，由宪法和法律委员会根据各代表团的审议意见进行修改，提出法律草案表决稿，由主席团提请大会全体会议表决，由全体代表的过半数通过。

第二十八条　全国人民代表大会通过的法律由国家主席签署主席令予以公布。

第三节　全国人民代表大会常务委员会立法程序

第二十九条　委员长会议可以向常务委员会提出法律案，由常务委员会会议审议。

国务院、中央军事委员会、国家监察委员会、最高人民法院、最高人民检察院、全国人民代表大会各专门委员会，可以向常务委员会提出法律案，由委员长会议决定列入常务委员会会议议程，或者先交有关的专门委员会审议、提出报告，再决定列入常务委员会会议议程。如果委员长会议认为法律案有重大问题需要进一步研究，可以建议提案人修改完善后再向常务委员会提出。

第三十条　常务委员会组成人员十人以上联名，可以向常务委员会提出法律案，由委员长会议决定是否列入常务委员会会议议程，或者先交有关的专门委员会审议、提出是否列入会议议程的意见，再决定是否列入常务委员会会议议程。不列入常务委员会会议议程的，应当向常务委员会会议报告或者向提案人说明。

专门委员会审议的时候，可以邀请提案人列席会议，发表意见。

第三十一条　列入常务委员会会议议程的法律案，除特殊情况外，应当在会议举行的七日前将法律草案发给常务委员会组成人员。

常务委员会会议审议法律案时，应当邀请有关的全国人民代表大会代表列席会议。

第三十二条　列入常务委员会会议议程的法律案，一般应当经三次常务委员会会议审议后再交付表决。

常务委员会会议第一次审议法律案，在全体会议上听取提案人的说明，由分组会议进行初步审议。

常务委员会会议第二次审议法律案，在全体会议上听取宪法和法律委员会关于法律草案修改情况和主要问题的汇报，由分组会议进一步审议。

常务委员会会议第三次审议法律案，在全体会议上听取宪法和法律委员会关于法律草案审议结果的报告，由分组会议对法律草案修改稿进行审议。

常务委员会审议法律案时，根据需要，可以召开联组会议或者全体会议，对法律草案中的主要问题进行讨论。

第三十三条　列入常务委员会会议议程的法律案，各方面的意见比较一致的，可以经两次常务委员会会议审议后交付表决；调整事项较为单一或者部分修改的法律案，各方面的意见比较一致，或者遇有紧急情形的，也可以经一次常务委员会会议审议即交付表决。

第三十四条　常务委员会分组会议审议法律案时，提案人应当派人听取意见，回答询问。

常务委员会分组会议审议法律案时，根据小组的要求，有关机关、组织应当派人介绍情况。

第三十五条　列入常务委员会会议议程的法律案，由有关的专门委员会进行审议，提出审议意见，印发常务委员会会议。

有关的专门委员会审议法律案时，可以邀请其他专门委员会的成员列席会议，发表意见。

第三十六条　列入常务委员会会议议程的法律案，由宪法和法律委员会根据常务委员会组成人员、有关的专门委员会的审议意见和各方面提出的意见，对法律案进行统一审议，提出修改情况的汇报或者审议结果报告和法律草案修改稿，对涉及的合宪性问题以及重要的不同意见应当在修改情况的汇报或者审议结果报告中予以说明。对有关的专门委员会的审议意见没有采纳的，应当向有关的专门委员会反馈。

宪法和法律委员会审议法律案时，应当邀请有关的专门委员会的成员列席会议，发表意见。

第三十七条　专门委员会审议法律案时，应当召开全体会议审议，根据需要，可以要求有关机关、组织派有关负责人说明情况。

第三十八条　专门委员会之间对法律草案的重要问题意见不一致时，应当向委员长会议报告。

第三十九条　列入常务委员会会议议程的法律案，宪法和法律委员会、有关的专门委员会和常务委员会工作机构应当听取各方面的意见。听取意见可以采取座谈会、论证会、听证会等多种形式。

法律案有关问题专业性较强，需要进行可行性评价的，应当召开论证会，听取有关专家、部门和全国人民代表大会代表等方面的意见。论证情况应当向常务委员会报告。

法律案有关问题存在重大意见分歧或者涉及利益关系重大调整，需要进行听证的，应当召开听证会，听取有关基层和群体代表、部门、人民团体、专家、全国人民代表大会代表和社会有关方面的意见。听证情况应当向常务委员会报告。

常务委员会工作机构应当将法律草案发送相关领域的全国人民代表大会代表、地方人民代表大会常务委员会以及有关部门、组织和专家征求意见。

第四十条　列入常务委员会会议议程的法律案，应当在常务委员会会议后将法律草案及其起草、修改的说明等向社会公布，征求意见，但是经委员长会议决定不公布的除外。向社会公布征求意见的时间一般不少于三十日。征求意见的情况应当向社会通报。

第四十一条　列入常务委员会会议议程的法律案，常务委员会工作机构应当收集整理分组审议的意见和各方面提出的意见以及其他有关资料，分送宪法和法律委员会、有关的专门委员会，并根据需要，印发常务委员会会议。

第四十二条　拟提请常务委员会会议审议通过的法律案，在宪法和法律委员会提出审议结果报告前，常务委员会工作机构可以对法律草案中主要制度规范的可行性、法律出台时机、法律实施的社会效果和可能出现的问题等进行评估。评估情况由宪法和法律委员会在审议结果报告中予以说明。

第四十三条　列入常务委员会会议议程的法律案，在交付表决前，提案人要求撤回的，应当说明理由，经委员长会议同意，并向常务委员会报告，对该法律案的审议即行终止。

第四十四条　法律草案修改稿经常务委员会会议审议，由宪法和法律委员会根据常务委员会组成人员的审议意见进行修改，提出法律草案表决稿，由委员长会议提请常务委员会全体会议表决，由常务委员会全体组成人员的过半数通过。

法律草案表决稿交付常务委员会会议表决前，委员长会议根据常务委员会会议审议的情况，可以决定将个别意见分歧较大的重要条款提请常务委员会会议单独表决。

单独表决的条款经常务委员会会议表决后，委员长会议根据单独表决的情况，可以决定将法律草案表决稿交付表决，也可以决定暂不付表决，交宪法和法律委员会、有关的专门委员会进一步审议。

第四十五条　列入常务委员会会议审议的法律案，因各方面对制定该法律的必要性、可行性等重大问题存在较大意见分歧搁置审议满两年的，或者因暂不付表决经过两年没有再次列入常务委员会会议议程审议的，委员长会议可以决定终止审议，并向常务委员会报告；必要时，委员长会议也可以决定延期审议。

第四十六条　对多部法律中涉及同类事项的个别条款进行修改，一并提出法律案的，经委员长会议决定，可以合并表决，也可以分别表决。

第四十七条　常务委员会通过的法律由国家主席签署主席令予以公布。

第四节　法律解释

第四十八条　法律解释权属于全国人民代表大会常务委员会。

法律有以下情况之一的，由全国人民代表大会常务委员会解释：

（一）法律的规定需要进一步明确具体含义的；

（二）法律制定后出现新的情况，需要明确适用法律依据的。

第四十九条　国务院、中央军事委员会、国家监察委员会、最高人民法院、最高人民检察院、全国人民代表大会各专门委员会，可以向全国人民代表大会常务委员会提出法律解释要求或者提出相关法律案。

省、自治区、直辖市的人民代表大会常务委员会可以向全国人民代表大会常务委员会提出法律解释要求。

第五十条　常务委员会工作机构研究拟订法律解释草案，由委员长会议决定列入常务委员会会议议程。

第五十一条　法律解释草案经常务委员会会议审议，由宪法和法律委员会根据常务委员会组成人员的审议意见进行审议、修改，提出法律解释草案表决稿。

第五十二条　法律解释草案表决稿由常务委员会全体组成人员的过半数通过，由常务委员会发布公告予以公布。

第五十三条　全国人民代表大会常务委员会的法律解释同法律具有同等效力。

第五节　其他规定

第五十四条　全国人民代表大会及其常务委员会加强对立法工作的组织协调，发挥在立法工作中的主导作用。

第五十五条　全国人民代表大会及其常务委员会坚持科学立法、民主立法、依法立法，通过制定、修改、废止、解释法律和编纂法典等多种形式，增强立法的系统性、整体性、协同性、时效性。

第五十六条　全国人民代表大会常务委员会通过立法规划和年度立法计划、专项立法计划等形式，加强对立法工作的统筹安排。编制立法规划和立法计划，应当认真研究代表议案和建议，广泛征集意见，科学论证评估，根据经济社会发展和民主法治建设的需要，按照加强重点领域、新兴领域、涉外领域立法的要求，确定立法项目。立法规划和立法计划由委员长会议通过并向社会公布。

全国人民代表大会常务委员会工作机构负责编制立法规划、拟订立法计划，并按照全国人民代表大会常务委员会的要求，督促立法规划和立法计划的落实。

第五十七条　全国人民代表大会有关的专门委员会、常务委员会工作机构应当提前参与有关方面的法律草案起草工作；综合性、全局性、基础性的重要法律草案，可以由有关的专门委员会或者常务委员会工作机构组织起草。

专业性较强的法律草案，可以吸收相关领域的专家参与起草工作，或者委托有关专家、教学科研单位、社会组织起草。

第五十八条　提出法律案，应当同时提出法律草案文本及其说明，并提供必要的参阅资料。修改法律的，还应当提交修改前后的对照文本。法律草案的说明应当包括制定或者修改法律的必要性、可行性和主要内容，涉及合宪性问题的相关意见以及起草过程中对重大分歧意见的协调处理情况。

第五十九条　向全国人民代表大会及其常务委员会提出的法律案，在列入会议议程前，提案人有权撤回。

第六十条　交付全国人民代表大会及其常务委员会全体会议表决未获得通过的法律案，如果提案人认为必须制定该法律，可以按照法律规定的程序重新提出，由主席团、委员长会议决定是否列入会议议程；其中，未获得全国人民代表大会通过的法律案，应当提请全国人民代表大会审议决定。

第六十一条　法律应当明确规定施行日期。

第六十二条　签署公布法律的主席令载明该法律的制定机关、通过和施行日期。

法律签署公布后，法律文本以及法律草案的说明、审议结果报告等，应当及时在全国人民代表大会常务委员会公报和中国人大网以及在全国范围内发行的报纸上刊载。

在常务委员会公报上刊登的法律文本为标准文本。

第六十三条　法律的修改和废止程序，适用本章的有关规定。

法律被修改的，应当公布新的法律文本。

法律被废止的，除由其他法律规定废止该法律的以外，由国家主席签署主席令予以公布。

第六十四条　法律草案与其他法律相关规定不一致的，提案人应当予以说明并提出处理意见，必要时应当同时提出修改或者废止其他法律相关规定的议案。

宪法和法律委员会、有关的专门委员会审议法律案时，认为需要修改或者废止其他法律相关规定的，应当提出处理意见。

第六十五条　法律根据内容需要，可以分编、章、节、条、款、项、目。

编、章、节、条的序号用中文数字依次表述，款不编序号，项的序号用中文数字加括号依次表述，目的序号用阿拉伯数字依次表述。

法律标题的题注应当载明制定机关、通过日期。经过修改的法律，应当依次载明修改机关、修改日期。

全国人民代表大会常务委员会工作机构编制立法技术规范。

第六十六条　法律规定明确要求有关国家机关对专门事项作出配套的具体规定的，有关国家机关应当自法律施行之日起一年内作出规定，法律对配套的具体规定制定期限另有规定的，从其规定。有关国家机关未能在期限内作出配套的具体规定的，应当向全国人民代表大会常务委员会说明情况。

第六十七条 全国人民代表大会有关的专门委员会、常务委员会工作机构可以组织对有关法律或者法律中有关规定进行立法后评估。评估情况应当向常务委员会报告。

第六十八条 全国人民代表大会及其常务委员会作出有关法律问题的决定，适用本法的有关规定。

第六十九条 全国人民代表大会常务委员会工作机构可以对有关具体问题的法律询问进行研究予以答复，并报常务委员会备案。

第七十条 全国人民代表大会常务委员会工作机构根据实际需要设立基层立法联系点，深入听取基层群众和有关方面对法律草案和立法工作的意见。

第七十一条 全国人民代表大会常务委员会工作机构加强立法宣传工作，通过多种形式发布立法信息、介绍情况、回应关切。

第三章 行政法规

第七十二条 国务院根据宪法和法律，制定行政法规。

行政法规可以就下列事项作出规定：

（一）为执行法律的规定需要制定行政法规的事项；

（二）宪法第八十九条规定的国务院行政管理职权

的事项。

应当由全国人民代表大会及其常务委员会制定法律的事项，国务院根据全国人民代表大会及其常务委员会的授权决定先制定的行政法规，经过实践检验，制定法律的条件成熟时，国务院应当及时提请全国人民代表大会及其常务委员会制定法律。

第七十三条　国务院法制机构应当根据国家总体工作部署拟订国务院年度立法计划，报国务院审批。国务院年度立法计划中的法律项目应当与全国人民代表大会常务委员会的立法规划和立法计划相衔接。国务院法制机构应当及时跟踪了解国务院各部门落实立法计划的情况，加强组织协调和督促指导。

国务院有关部门认为需要制定行政法规的，应当向国务院报请立项。

第七十四条　行政法规由国务院有关部门或者国务院法制机构具体负责起草，重要行政管理的法律、行政法规草案由国务院法制机构组织起草。行政法规在起草过程中，应当广泛听取有关机关、组织、人民代表大会代表和社会公众的意见。听取意见可以采取座谈会、论证会、听证会等多种形式。

行政法规草案应当向社会公布，征求意见，但是经国务院决定不公布的除外。

第七十五条　行政法规起草工作完成后，起草单位应当将草案及其说明、各方面对草案主要问题的不同意见和其他有关资料送国务院法制机构进行审查。

国务院法制机构应当向国务院提出审查报告和草案修改稿，审查报告应当对草案主要问题作出说明。

第七十六条　行政法规的决定程序依照中华人民共和国国务院组织法的有关规定办理。

第七十七条　行政法规由总理签署国务院令公布。

有关国防建设的行政法规，可以由国务院总理、中央军事委员会主席共同签署国务院、中央军事委员会令公布。

第七十八条　行政法规签署公布后，及时在国务院公报和中国政府法制信息网以及在全国范围内发行的报纸上刊载。

在国务院公报上刊登的行政法规文本为标准文本。

第七十九条　国务院可以根据改革发展的需要，决定就行政管理等领域的特定事项，在规定期限和范围内暂时调整或者暂时停止适用行政法规的部分规定。

第四章　地方性法规、自治条例和单行条例、规章

第一节　地方性法规、自治条例和单行条例

第八十条　省、自治区、直辖市的人民代表大会及其常务委员会根据本行政区域的具体情况和实际需要，在不同宪法、法律、行政法规相抵触的前提下，可以制

定地方性法规。

第八十一条 设区的市的人民代表大会及其常务委员会根据本市的具体情况和实际需要，在不同宪法、法律、行政法规和本省、自治区的地方性法规相抵触的前提下，可以对城乡建设与管理、生态文明建设、历史文化保护、基层治理等方面的事项制定地方性法规，法律对设区的市制定地方性法规的事项另有规定的，从其规定。设区的市的地方性法规须报省、自治区的人民代表大会常务委员会批准后施行。省、自治区的人民代表大会常务委员会对报请批准的地方性法规，应当对其合法性进行审查，认为同宪法、法律、行政法规和本省、自治区的地方性法规不抵触的，应当在四个月内予以批准。

省、自治区的人民代表大会常务委员会在对报请批准的设区的市的地方性法规进行审查时，发现其同本省、自治区的人民政府的规章相抵触的，应当作出处理决定。

除省、自治区的人民政府所在地的市，经济特区所在地的市和国务院已经批准的较大的市以外，其他设区的市开始制定地方性法规的具体步骤和时间，由省、自治区的人民代表大会常务委员会综合考虑本省、自治区所辖的设区的市的人口数量、地域面积、经济社会发展情况以及立法需求、立法能力等因素确定，并报全国人民代表大会常务委员会和国务院备案。

自治州的人民代表大会及其常务委员会可以依照本条第一款规定行使设区的市制定地方性法规的职权。自治州开始制定地方性法规的具体步骤和时间，依照前款规定确定。

省、自治区的人民政府所在地的市，经济特区所在地的市和国务院已经批准的较大的市已经制定的地方性法规，涉及本条第一款规定事项范围以外的，继续有效。

第八十二条　地方性法规可以就下列事项作出规定：

（一）为执行法律、行政法规的规定，需要根据本行政区域的实际情况作具体规定的事项；

（二）属于地方性事务需要制定地方性法规的事项。

除本法第十一条规定的事项外，其他事项国家尚未制定法律或者行政法规的，省、自治区、直辖市和设区的市、自治州根据本地方的具体情况和实际需要，可以先制定地方性法规。在国家制定的法律或者行政法规生效后，地方性法规同法律或者行政法规相抵触的规定无效，制定机关应当及时予以修改或者废止。

设区的市、自治州根据本条第一款、第二款制定地方性法规，限于本法第八十一条第一款规定的事项。

制定地方性法规，对上位法已经明确规定的内容，一般不作重复性规定。

第八十三条 省、自治区、直辖市和设区的市、自治州的人民代表大会及其常务委员会根据区域协调发展的需要，可以协同制定地方性法规，在本行政区域或者有关区域内实施。

省、自治区、直辖市和设区的市、自治州可以建立区域协同立法工作机制。

第八十四条 经济特区所在地的省、市的人民代表大会及其常务委员会根据全国人民代表大会的授权决定，制定法规，在经济特区范围内实施。

上海市人民代表大会及其常务委员会根据全国人民代表大会常务委员会的授权决定，制定浦东新区法规，在浦东新区实施。

海南省人民代表大会及其常务委员会根据法律规定，制定海南自由贸易港法规，在海南自由贸易港范围内实施。

第八十五条 民族自治地方的人民代表大会有权依照当地民族的政治、经济和文化的特点，制定自治条例和单行条例。自治区的自治条例和单行条例，报全国人民代表大会常务委员会批准后生效。自治州、自治县的自治条例和单行条例，报省、自治区、直辖市的人民代表大会常务委员会批准后生效。

自治条例和单行条例可以依照当地民族的特点，对法律和行政法规的规定作出变通规定，但不得违背法律或者行政法规的基本原则，不得对宪法和民族区域自治法的规定以及其他有关法律、行政法规专门就民族自治地方所作的规定作出变通规定。

第八十六条　规定本行政区域特别重大事项的地方性法规，应当由人民代表大会通过。

第八十七条　地方性法规案、自治条例和单行条例案的提出、审议和表决程序，根据中华人民共和国地方各级人民代表大会和地方各级人民政府组织法，参照本法第二章第二节、第三节、第五节的规定，由本级人民代表大会规定。

地方性法规草案由负责统一审议的机构提出审议结果的报告和草案修改稿。

第八十八条　省、自治区、直辖市的人民代表大会制定的地方性法规由大会主席团发布公告予以公布。

省、自治区、直辖市的人民代表大会常务委员会制定的地方性法规由常务委员会发布公告予以公布。

设区的市、自治州的人民代表大会及其常务委员会制定的地方性法规报经批准后，由设区的市、自治州的人民代表大会常务委员会发布公告予以公布。

自治条例和单行条例报经批准后，分别由自治区、自治州、自治县的人民代表大会常务委员会发布公告予以公布。

第八十九条　地方性法规、自治条例和单行条例公布后，其文本以及草案的说明、审议结果报告等，应当及时在本级人民代表大会常务委员会公报和中国人大网、本地方人民代表大会网站以及在本行政区域范围内发行的报纸上刊载。

在常务委员会公报上刊登的地方性法规、自治条例和单行条例文本为标准文本。

第九十条　省、自治区、直辖市和设区的市、自治州的人民代表大会常务委员会根据实际需要设立基层立法联系点，深入听取基层群众和有关方面对地方性法规、自治条例和单行条例草案的意见。

第二节　规　　章

第九十一条　国务院各部、委员会、中国人民银行、审计署和具有行政管理职能的直属机构以及法律规定的机构，可以根据法律和国务院的行政法规、决定、命令，在本部门的权限范围内，制定规章。

部门规章规定的事项应当属于执行法律或者国务院的行政法规、决定、命令的事项。没有法律或者国务院的行政法规、决定、命令的依据，部门规章不得设定减损公民、法人和其他组织权利或者增加其义务的规范，不得增加本部门的权力或者减少本部门的法定职责。

第九十二条　涉及两个以上国务院部门职权范围的事项，应当提请国务院制定行政法规或者由国务院有关部门联合制定规章。

第九十三条　省、自治区、直辖市和设区的市、自治州的人民政府，可以根据法律、行政法规和本省、自治区、直辖市的地方性法规，制定规章。

地方政府规章可以就下列事项作出规定：

（一）为执行法律、行政法规、地方性法规的规定需要制定规章的事项；

（二）属于本行政区域的具体行政管理事项。

设区的市、自治州的人民政府根据本条第一款、第二款制定地方政府规章，限于城乡建设与管理、生态文明建设、历史文化保护、基层治理等方面的事项。已经制定的地方政府规章，涉及上述事项范围以外的，继续有效。

除省、自治区的人民政府所在地的市，经济特区所在地的市和国务院已经批准的较大的市以外，其他设区的市、自治州的人民政府开始制定规章的时间，与本省、自治区人民代表大会常务委员会确定的本市、自治州开始制定地方性法规的时间同步。

应当制定地方性法规但条件尚不成熟的，因行政管理迫切需要，可以先制定地方政府规章。规章实施满两年需要继续实施规章所规定的行政措施的，应当提请本级人民代表大会或者其常务委员会制定地方性法规。

没有法律、行政法规、地方性法规的依据，地方政府规章不得设定减损公民、法人和其他组织权利或者增加其义务的规范。

第九十四条　国务院部门规章和地方政府规章的制定程序，参照本法第三章的规定，由国务院规定。

第九十五条 部门规章应当经部务会议或者委员会会议决定。

地方政府规章应当经政府常务会议或者全体会议决定。

第九十六条 部门规章由部门首长签署命令予以公布。

地方政府规章由省长、自治区主席、市长或者自治州州长签署命令予以公布。

第九十七条 部门规章签署公布后，及时在国务院公报或者部门公报和中国政府法制信息网以及在全国范围内发行的报纸上刊载。

地方政府规章签署公布后，及时在本级人民政府公报和中国政府法制信息网以及在本行政区域范围内发行的报纸上刊载。

在国务院公报或者部门公报和地方人民政府公报上刊登的规章文本为标准文本。

第五章 适用与备案审查

第九十八条 宪法具有最高的法律效力，一切法律、行政法规、地方性法规、自治条例和单行条例、规章都不得同宪法相抵触。

第九十九条 法律的效力高于行政法规、地方性法规、规章。

行政法规的效力高于地方性法规、规章。

第一百条　地方性法规的效力高于本级和下级地方政府规章。

省、自治区的人民政府制定的规章的效力高于本行政区域内的设区的市、自治州的人民政府制定的规章。

第一百零一条　自治条例和单行条例依法对法律、行政法规、地方性法规作变通规定的，在本自治地方适用自治条例和单行条例的规定。

经济特区法规根据授权对法律、行政法规、地方性法规作变通规定的，在本经济特区适用经济特区法规的规定。

第一百零二条　部门规章之间、部门规章与地方政府规章之间具有同等效力，在各自的权限范围内施行。

第一百零三条　同一机关制定的法律、行政法规、地方性法规、自治条例和单行条例、规章，特别规定与一般规定不一致的，适用特别规定；新的规定与旧的规定不一致的，适用新的规定。

第一百零四条　法律、行政法规、地方性法规、自治条例和单行条例、规章不溯及既往，但为了更好地保护公民、法人和其他组织的权利和利益而作的特别规定除外。

第一百零五条　法律之间对同一事项的新的一般规定与旧的特别规定不一致，不能确定如何适用时，由全国人民代表大会常务委员会裁决。

行政法规之间对同一事项的新的一般规定与旧的特别规定不一致，不能确定如何适用时，由国务院裁决。

第一百零六条 地方性法规、规章之间不一致时，由有关机关依照下列规定的权限作出裁决：

（一）同一机关制定的新的一般规定与旧的特别规定不一致时，由制定机关裁决；

（二）地方性法规与部门规章之间对同一事项的规定不一致，不能确定如何适用时，由国务院提出意见，国务院认为应当适用地方性法规的，应当决定在该地方适用地方性法规的规定；认为应当适用部门规章的，应当提请全国人民代表大会常务委员会裁决；

（三）部门规章之间、部门规章与地方政府规章之间对同一事项的规定不一致时，由国务院裁决。

根据授权制定的法规与法律规定不一致，不能确定如何适用时，由全国人民代表大会常务委员会裁决。

第一百零七条 法律、行政法规、地方性法规、自治条例和单行条例、规章有下列情形之一的，由有关机关依照本法第一百零八条规定的权限予以改变或者撤销：

（一）超越权限的；

（二）下位法违反上位法规定的；

（三）规章之间对同一事项的规定不一致，经裁决应当改变或者撤销一方的规定的；

（四）规章的规定被认为不适当，应当予以改变或者撤销的；

（五）违背法定程序的。

第一百零八条 改变或者撤销法律、行政法规、地方性法规、自治条例和单行条例、规章的权限是：

（一）全国人民代表大会有权改变或者撤销它的常务委员会制定的不适当的法律，有权撤销全国人民代表大会常务委员会批准的违背宪法和本法第八十五条第二款规定的自治条例和单行条例；

（二）全国人民代表大会常务委员会有权撤销同宪法和法律相抵触的行政法规，有权撤销同宪法、法律和行政法规相抵触的地方性法规，有权撤销省、自治区、直辖市的人民代表大会常务委员会批准的违背宪法和本法第八十五条第二款规定的自治条例和单行条例；

（三）国务院有权改变或者撤销不适当的部门规章和地方政府规章；

（四）省、自治区、直辖市的人民代表大会有权改变或者撤销它的常务委员会制定的和批准的不适当的地方性法规；

（五）地方人民代表大会常务委员会有权撤销本级人民政府制定的不适当的规章；

（六）省、自治区的人民政府有权改变或者撤销下一级人民政府制定的不适当的规章；

（七）授权机关有权撤销被授权机关制定的超越授权范围或者违背授权目的的法规，必要时可以撤销授权。

第一百零九条　行政法规、地方性法规、自治条例和单行条例、规章应当在公布后的三十日内依照下列规定报有关机关备案：

（一）行政法规报全国人民代表大会常务委员会备案；

（二）省、自治区、直辖市的人民代表大会及其常务委员会制定的地方性法规，报全国人民代表大会常务委员会和国务院备案；设区的市、自治州的人民代表大会及其常务委员会制定的地方性法规，由省、自治区的人民代表大会常务委员会报全国人民代表大会常务委员会和国务院备案；

（三）自治州、自治县的人民代表大会制定的自治条例和单行条例，由省、自治区、直辖市的人民代表大会常务委员会报全国人民代表大会常务委员会和国务院备案；自治条例、单行条例报送备案时，应当说明对法律、行政法规、地方性法规作出变通的情况；

（四）部门规章和地方政府规章报国务院备案；地方政府规章应当同时报本级人民代表大会常务委员会备案；设区的市、自治州的人民政府制定的规章应当同时报省、自治区的人民代表大会常务委员会和人民政府备案；

（五）根据授权制定的法规应当报授权决定规定的机关备案；经济特区法规、浦东新区法规、海南自由贸易港法规报送备案时，应当说明变通的情况。

第一百一十条　国务院、中央军事委员会、国家监察委员会、最高人民法院、最高人民检察院和各省、自治区、直辖市的人民代表大会常务委员会认为行政法规、地方性法规、自治条例和单行条例同宪法或者法律相抵触，或者存在合宪性、合法性问题的，可以向全国人民代表大会常务委员会书面提出进行审查的要求，由全国人民代表大会有关的专门委员会和常务委员会工作机构进行审查、提出意见。

前款规定以外的其他国家机关和社会团体、企业事业组织以及公民认为行政法规、地方性法规、自治条例和单行条例同宪法或者法律相抵触的，可以向全国人民代表大会常务委员会书面提出进行审查的建议，由常务委员会工作机构进行审查；必要时，送有关的专门委员会进行审查、提出意见。

第一百一十一条　全国人民代表大会专门委员会、常务委员会工作机构可以对报送备案的行政法规、地方性法规、自治条例和单行条例等进行主动审查，并可以根据需要进行专项审查。

国务院备案审查工作机构可以对报送备案的地方性法规、自治条例和单行条例，部门规章和省、自治区、直辖市的人民政府制定的规章进行主动审查，并可以根据需要进行专项审查。

第一百一十二条　全国人民代表大会专门委员会、常务委员会工作机构在审查中认为行政法规、地方性法规、自治条例和单行条例同宪法或者法律相抵触，或者存在合宪性、合法性问题的，可以向制定机关提出书面审查意见；也可以由宪法和法律委员会与有关的专门委员会、常务委员会工作机构召开联合审查会议，要求制定机关到会说明情况，再向制定机关提出书面审查意见。制定机关应当在两个月内研究提出是否修改或者废止的意见，并向全国人民代表大会宪法和法律委员会、有关的专门委员会或者常务委员会工作机构反馈。

全国人民代表大会宪法和法律委员会、有关的专门委员会、常务委员会工作机构根据前款规定，向制定机关提出审查意见，制定机关按照所提意见对行政法规、地方性法规、自治条例和单行条例进行修改或者废止的，审查终止。

全国人民代表大会宪法和法律委员会、有关的专门委员会、常务委员会工作机构经审查认为行政法规、地方性法规、自治条例和单行条例同宪法或者法律相抵触，或者存在合宪性、合法性问题需要修改或者废止，而制定机关不予修改或者废止的，应当向委员长会议提出予以撤销的议案、建议，由委员长会议决定提请常务委员会会议审议决定。

第一百一十三条 全国人民代表大会有关的专门委员会、常务委员会工作机构应当按照规定要求，将审查情况向提出审查建议的国家机关、社会团体、企业事业组织以及公民反馈，并可以向社会公开。

第一百一十四条　其他接受备案的机关对报送备案的地方性法规、自治条例和单行条例、规章的审查程序，按照维护法制统一的原则，由接受备案的机关规定。

第一百一十五条　备案审查机关应当建立健全备案审查衔接联动机制，对应当由其他机关处理的审查要求或者审查建议，及时移送有关机关处理。

第一百一十六条　对法律、行政法规、地方性法规、自治条例和单行条例、规章和其他规范性文件，制定机关根据维护法制统一的原则和改革发展的需要进行清理。

第六章　附　　则

第一百一十七条　中央军事委员会根据宪法和法律，制定军事法规。

中国人民解放军各战区、军兵种和中国人民武装警察部队，可以根据法律和中央军事委员会的军事法规、决定、命令，在其权限范围内，制定军事规章。

军事法规、军事规章在武装力量内部实施。

军事法规、军事规章的制定、修改和废止办法，由中央军事委员会依照本法规定的原则规定。

第一百一十八条　国家监察委员会根据宪法和法律、全国人民代表大会常务委员会的有关决定，制定监察法规，报全国人民代表大会常务委员会备案。

第一百一十九条　最高人民法院、最高人民检察院作出的属于审判、检察工作中具体应用法律的解释，应当主要针对具体的法律条文，并符合立法的目的、原则和原意。遇有本法第四十八条第二款规定情况的，应当向全国人民代表大会常务委员会提出法律解释的要求或者提出制定、修改有关法律的议案。

最高人民法院、最高人民检察院作出的属于审判、检察工作中具体应用法律的解释，应当自公布之日起三十日内报全国人民代表大会常务委员会备案。

最高人民法院、最高人民检察院以外的审判机关和检察机关，不得作出具体应用法律的解释。

第一百二十条　本法自 2000 年 7 月 1 日起施行。

关于《中华人民共和国立法法（修正草案）》的说明

——2023 年 3 月 5 日在第十四届全国人民代表大会第一次会议上

第十三届全国人民代表大会常务委员会副委员长　王　晨

各位代表：

我受第十三届全国人大常委会委托，作关于《中华人民共和国立法法（修正草案）》的说明。

一、修改的必要性和重大意义

立法是国家的重要政治活动，是把党的主张和人民的意志通过法定程序转化为国家意志的过程，关系党和国家事业发展全局。立法法是规范国家立法制度和立法活动、维护社会主义法治统一的基本法律。我国现行立法法是 2000 年 3 月九届全国人大三次会议通过的，2015

年 3 月十二届全国人大三次会议作了部分修改。立法法的颁布施行，对完善立法体制机制，健全立法制度，规范立法活动，推动形成和完善以宪法为核心的中国特色社会主义法律体系，推进全面依法治国，发挥了重要作用。

党的十八大以来，以习近平同志为核心的党中央从坚持和发展中国特色社会主义的全局和战略高度，对全面依法治国作出一系列重大部署，推进一系列重大工作，取得历史性成就。习近平总书记深刻阐述全面依法治国一系列重大理论和实践问题，习近平法治思想为新时代全面依法治国、加强和改进立法工作提供了根本遵循。2019 年，党的十九届四中全会决定提出，完善立法体制机制，坚持科学立法、民主立法、依法立法，不断提高立法质量和效率。2021 年，党中央首次召开中央人大工作会议，对新时代坚持和完善人民代表大会制度、加强和改进人大工作作出全面部署，明确提出要加快完善中国特色社会主义法律体系、以良法促进发展保障善治等任务要求。2022 年 10 月，党的二十大报告对完善以宪法为核心的中国特色社会主义法律体系提出新的要求。

深入贯彻习近平新时代中国特色社会主义思想特别是习近平法治思想，践行全过程人民民主重大理念，落实党中央重大决策部署，需要认真总结新时代立法工作实践经验，适应统筹推进“五位一体”总体布局、协调推进“四个全面”战略布局新形势新要求，对立法法作出修改完善，进一步健全立法体制机制，规范立法活动，为提高立法质量和效率、加快形成完备的法律规范体系、建设中国特色社会主义法治体系、在法治轨道上全面建设社会主义现代化国家提供有力制度支撑。

（一）修改立法法是新时代加强党对立法工作的全面领导，通过法治保证党的路线方针政策和决策部署贯彻执行的必然要求

党的领导是推进全面依法治国、加快建设社会主义法治国家最根本的保证，是中国特色社会主义法治之魂。做好新时代立法工作，必须坚持党的领导这一最高政治原则。2018 年，党中央成立中央全面依法治国委员会，加强党中央对全面依法治国的集中统一领导。2019 年《中共中央关于加强党的政治建设的意见》提出，制定和修改有关法律法规要明确规定党领导相关工作的法律地位。修改立法法，突出立法坚持中国共产党领导，与时俱进完善关于坚持党和国家指导思想的表述，明确建设中国特色社会主义法治体系的战略目标，对于新时代更好推进全面依法治国，确保党的主张通过法定程序成为国家意志，从法律制度上保证党的路线方针政策和决策部署得到全面贯彻和有效执行，具有重要意义。

（二）修改立法法是新时代坚持和发展全过程人民民主，通过法治保障人民当家作主的客观要求

人民民主是社会主义的生命，是全面建设社会主义

现代化国家的应有之义。全过程人民民主是社会主义民主政治的本质属性，是最广泛、最真实、最管用的民主。发展全过程人民民主，保障人民当家作主，是党中央明确提出的任务要求。立法制度和立法活动必须坚持以人民为中心，坚持人民主体地位，全面贯彻全过程人民民主重大理念和实践要求，在立法制度上作出相关安排，确保在立法活动和立法工作各个环节都能听到来自人民的声音、都能了解来自基层的情况，积极回应人民群众新要求新期待，站稳人民立场、把握人民愿望、尊重人民创造、集中人民智慧。修改立法法，明确立法坚持和发展全过程人民民主，尊重和保障人权，保障和促进社会公平正义，有利于拓展人民群众有序参与立法、表达意愿关切的途径和形式，丰富我国人民当家作主的生动实践，从制度上保证立法为了人民、依靠人民、造福人民、保护人民。

（三）修改立法法是新时代推进全面依法治国、依宪治国，建设社会主义法治国家的重要举措

全面依法治国是中国特色社会主义的本质要求和重要保障，是国家治理的一场深刻革命。党的十八大以来，以习近平同志为核心的党中央围绕保障和促进社会公平正义，坚持依法治国、依法执政、依法行政共同推进，坚持法治国家、法治政府、法治社会一体建设，推动我国社会主义法治建设发生历史性变革、取得历史性成就。立法是全面依法治国的前提和基础，是建设社会

主义法治国家的首要环节。适应国家改革发展的新形势新要求，有必要认真总结新时代立法工作的实践经验，完善我国立法制度机制。修改立法法的一个重要目的，就是根据党中央全面依法治国战略部署，紧紧抓住立法这个关键环节，加强和改进新时代立法工作，完善以宪法为核心的中国特色社会主义法律体系，建设中国特色社会主义法治体系，建设社会主义法治国家。

党的十八大以来，以习近平同志为核心的党中央把全面贯彻实施宪法摆在全面依法治国的突出位置，推进宪法理论和宪法实践创新，深化了对我国宪法制度建设的规律性认识，采取一系列有力措施加强宪法实施和监督工作，取得重要成果和进展。党的二十大报告强调坚持依法治国首先要坚持依宪治国，要求加强宪法实施和监督，健全保证宪法全面实施的制度体系，更好发挥宪法在治国理政中的重要作用，维护宪法权威。立法制度是宪法的重要内容之一。宪法对立法体制、立法权限等作出基本规定，立法法以宪法为依据对立法体制、权限、程序和立法监督制度等作出系统化规定，是通过法律实施宪法有关规定的重要体现。修改立法法，总结宪法实施和监督工作的实践经验，明确合宪性审查的环节和要求，用科学有效、系统完备的制度体系保证宪法实施，有利于维护宪法权威，维护社会主义法制的统一、尊严、权威，不断提高依宪治国、依宪执政的能力和水平。

（四）修改立法法是总结新时代正确处理改革和法治关系的实践经验，更好坚持在法治下推进改革和在改革中完善法治相统一的现实需要

改革和法治相辅相成、相伴相生。习近平总书记指出“改革与法治如鸟之两翼、车之两轮”，强调“要坚持改革决策和立法决策相统一、相衔接，立法主动适应改革需要，积极发挥引导、推动、规范、保障改革的作用”。党的十八大以来，全国人大及其常委会积极适应改革开放和经济社会发展需要，坚持在法治下推进改革和在改革中完善法治相统一，加强涉及改革有关法律的立改废释工作，通过“打包”修改、作出授权决定和改革决定等方式及时为推进相关改革提供法律依据，保障党和国家机构改革、经济社会发展各领域重大改革措施顺利实施，形成了一些行之有效的做法和经验。修改立法法，总结实践中立法主动适应改革发展需要的成功经验和有益做法，完善立法引领和推动改革创新的体制机制，有利于更好实现立法决策和改革决策相统一、相衔接，为改革发展提供法治支撑和法治保障，更好发挥法治固根本、稳预期、利长远的保障作用。

二、修改的指导思想、遵循的原则和工作过程

修改立法法，必须高举中国特色社会主义伟大旗帜，全面贯彻落实党的二十大精神，坚持以习近平新时代中国特色社会主义思想为指导，深入贯彻习近平法治思想、习近平总书记关于坚持和完善人民代表大会制度

的重要思想，深刻领悟“两个确立”的决定性意义，增强“四个意识”，坚定“四个自信”，做到“两个维护”，坚定不移走中国特色社会主义法治道路，坚持党的领导、人民当家作主、依法治国有机统一，推进科学立法、民主立法、依法立法，进一步健全立法体制、完善立法程序、规范立法活动、提高立法效能，更好为全面建设社会主义现代化国家提供法治保障。

修改工作遵循的原则：一是认真贯彻落实中央人大工作会议精神和党中央重大决策部署，加强党对立法工作的全面领导，通过完善立法体制机制保障党的路线方针政策有效实施。二是坚持以人民为中心，坚持和发展全过程人民民主，充分发挥人大的民主民意表达平台载体的功能作用，健全吸纳民意、汇集民智的工作机制，不断拓展和健全人民群众有序参与立法的途径和形式。三是适应新时代新要求，总结吸收立法工作实践经验，坚持问题导向、需求导向，完善立法体制机制、明确相关工作要求。此次修改立法法是部分修改，对确有必要修改的予以修改完善；属于可改可不改的，一般不作修改。四是适应全面深化改革的需要，坚持立法和改革相辅相成、相伴而生、同步推进、内在统一，更好发挥法治固根本、稳预期、利长远的重要作用。五是遵循宪法的原则和规定，注意处理好与近年来新修改的全国人大组织法、全国人大议事规则、全国人大常委会议事规则、地方组织法等法律的关系，做好衔接，增强立法系统性、整体性、协同性、时效性。

以习近平同志为核心的党中央高度重视立法法修改工作。2022 年 9 月，习近平总书记主持召开中央政治局常委会会议，听取审议并原则同意全国人大常委会党组关于立法法修正草案有关问题的请示和汇报，为立法法修改工作提供了重要指导和遵循。

根据立法工作安排，全国人大常委会法工委于 2022 年初启动立法法修改工作，经广泛征求各方面意见和认真研究，提出了立法法修正草案。期间主要开展了以下工作：一是深入学习领会习近平法治思想和习近平总书记关于立法工作的重要论述，全面梳理党的十八大以来党中央关于加强和改进立法工作的重大决策部署和工作要求。二是认真梳理近年来全国人大代表、全国政协委员提出的有关议案、建议和提案，组织对修改立法法有关问题开展专题研究。三是多次召开座谈会，听取中央和国家有关部门、全国人大各专门委员会和常委会工作机构、地方人大以及部分专家学者的意见和建议。四是将修正草案印发中央和国家有关部门、全国人大各专门委员会和常委会工作机构、各省（自治区、直辖市）和部分设区的市的人大常委会、基层立法联系点、部分高等院校和研究机构征求意见。五是到部分地方进行专题调研，深入了解近年来地方立法工作的新实践新经验。

2022 年 10 月，十三届全国人大常委会第三十七次会议对立法法修正草案进行了初次审议。常委会组成人员普遍认为，修正草案深入贯彻落实习近平法治思想、习近平总书记关于坚持和完善人民代表大会制度的重要思想，全面贯彻党的二十大精神、中央人大工作会议精神和党中央重大决策部署，总结吸收新时代立法实践的新经验新成果，深入推进科学立法、民主立法、依法立法，完善立法的指导思想和原则，健全宪法的实施和监督制度，完善立法权限、程序和备案审查制度，有利于提高立法质量和效率，使法律体系更加科学完备、统一权威，为全面建设社会主义现代化国家提供更加坚实的法治保障。2022 年 12 月，十三届全国人大常委会第三十八次会议对立法法修正草案进行了再次审议，认为修正草案二次审议稿贯彻落实党中央重大决策部署，较好地吸收了常委会组成人员的审议意见和各方面的意见，已经趋于成熟，决定将立法法修正草案提请十四届全国人大一次会议审议。

立法法修正草案经十三届全国人大常委会两次会议审议后，先后两次在中国人大网全文公布草案征求社会公众意见。全国人大常委会办公厅将修正草案印发十四届全国人大代表，组织部署全国人大代表研读讨论并征求意见。2023 年 2 月 16 日，十三届全国人大宪法和法律委员会召开会议，根据全国人大常委会组成人员的审议意见、代表研读讨论中提出的意见和各方面的意见，对立法法修正草案作了进一步修改完善。全国人大宪法和法律委员会认为，经过全国人大常委会两次会议审议、广泛征求意见和多次修改完善，立法法修正草案充分吸收各方面的意见建议，已经比较成熟。据此，形成了提请本次会议审议的《中华人民共和国立法法（修正草案）》。

三、修正草案的主要内容

《中华人民共和国立法法（修正草案）》共37条，主要修改内容如下：

（一）完善立法的指导思想和原则。根据新形势新要求，对立法的指导思想和原则进行充实完善。一是贯彻落实宪法规定和党的二十大精神，根据新时代党的重大理论创新成果，对立法的指导思想与时俱进作了完善，将现行立法法第三条改为两条，明确立法应当坚持中国共产党的领导，坚持以马克思列宁主义、毛泽东思想、邓小平理论、“三个代表”重要思想、科学发展观、习近平新时代中国特色社会主义思想为指导，推进中国特色社会主义法治体系建设，保障在法治轨道上全面建设社会主义现代化国家（修正草案第一条）；立法应当坚持以经济建设为中心，坚持改革开放，贯彻新发展理念，保障以中国式现代化全面推进中华民族伟大复兴（修正草案第一条）。二是完善依宪立法、依法立法的原则，将现行立法法第四条修改为：立法应当符合宪法的规定、原则和精神，依照法定的权限和程序，从国家整体利益出发，维护社会主义法制的统一、尊严、权威（修正草案第二条）。三是完善民主立法原则，贯彻落实党的二十大精神和全过程人民民主重大理念，在现行立法法第五条中增加一款规定：立法应当坚持和发展全过程人民民主，尊重和保障人权，保障和促进社会公平正义（修正草案第三条）。四是贯彻党中央关于社会主义核心价值观融入法治建设的部署要求，增加规定：立法应当倡导和弘扬社会主义核心价值观，坚持依法治国和以德治国相结合，铸牢中华民族共同体意识，推动社会主义精神文明建设（修正草案第四条）。五是明确立法决策与改革决策相衔接相统一的原则要求，增加规定：立法应当适应改革需要，坚持在法治下推进改革和在改革中完善法治相统一，引导、推动、规范、保障相关改革，发挥法治在国家治理体系和治理能力现代化中的重要作用（修正草案第五条）。

（二）明确合宪性审查相关要求。根据宪法精神和党中央关于推进合宪性审查工作的部署要求，总结近年来的实践经验，一是明确法律案起草和审议过程中的合宪性审查要求，增加规定：法律草案的说明应当包括涉及合宪性问题的相关意见；对法律案中涉及的合宪性问题，宪法和法律委员会应当在修改情况的汇报或者审议结果报告中予以说明（修正草案第十条、第十二条、第十八条）。二是明确备案审查工作中的合宪性审查要求，增加规定：有关国家机关认为行政法规、地方性法规、自治条例和单行条例存在合宪性、合法性问题的，可以向全国人大常委会书面提出进行审查的要求；对存在合宪性、合法性问题的，规定了处理的主体和程序（修正草案第三十条、第三十一条）。此外，落实2018年宪法修正案的有关规定和全国人大常委会有关决定，将现行立法法中的“法律委员会”修改为“宪法和法律委员会”（修正草案第十条、第十二条、第三十一条、第三十七条第二项）。

（三）完善立法决策与改革决策相衔接、相统一的制度机制。贯彻党中央要求，总结实践经验，根据有关方面意见，作出如下修改完善：一是完善全国人大及其常委会专属立法权规定，将只能制定法律事项中的“仲裁制度”修改为“仲裁基本制度”（修正草案第七条）。二是根据实践中成熟的经验和做法，对现行立法法第十三条关于授权决定的规定作出完善，明确全国人大及其常委会可以根据改革发展的需要，决定就“特定事项”授权在“规定期限和范围”内暂时调整或者暂时停止适用法律的部分规定；同时增加规定：暂时调整或者暂时停止适用法律的部分规定的事项，对实践证明可行的，由全国人大及其常委会及时修改有关法律；修改法律的条件尚不成熟时，可以延长授权的期限，或者恢复施行有关法律规定（修正草案第八条）。三是增加规定：国务院可以根据改革发展的需要，决定就行政管理等领域的特定事项，在规定期限和范围内暂时调整或者暂时停止适用行政法规的部分规定（修正草案第二十三条）。

（四）完善全国人大及其常委会的立法权限、立法程序和工作机制。近年来，全国人大及其常委会在加强和改进立法工作、完善立法制度机制方面有不少创新举措。总结实践经验，对全国人大及其常委会的立法权限、立法程序和工作机制作如下修改完善：一是根据实践需要，进一步明确全国人民代表大会和全国人大常委会“根据宪法规定”行使国家立法权，并增加规定：全国人民代表大会可以授权全国人大常委会制定法律（修正草案第六条）。二是根据实践做法，并与修改后的全国人大议事规则相衔接，进一步明确：常委会决定提请全国人民代表大会会议审议的法律案，可以适时组织代表研读讨论，征求代表的意见（修正草案第九条）。三是适应特殊情况下紧急立法的需要，增加规定：列入常委会会议议程的法律案，遇有紧急情形的，也可以经一次常委会会议审议即交付表决（修正草案第十一条）。四是完善法律案的终止审议程序，将现行立法法关于法律案终止审议的规定修改为：列入常委会会议审议的法律案，因各方面对制定该法律的必要性、可行性等重大问题存在较大意见分歧搁置审议满两年的，或者因暂不付表决经过两年没有再次列入常委会会议议程审议的，委员长会议可以决定终止审议，并向常委会报告；必要时，委员长会议也可以决定延期审议（修正草案第十三条）。五是根据实践需要，在现行立法法规定有关国家机关可以向全国人大常委会提出法律解释要求的基础上，明确国务院、中央军事委员会、国家监察委员会、最高人民法院、最高人民检察院和全国人大各专门委员会可以向全国人大常委会“提出相关法律案”（修正草案第十四条）。六是贯彻党中央关于推进科学立法、民主立法、依法立法，丰富立法形式，统筹立改废释纂等要求，总结实践经验，增加规定：全国人大及其常委会坚持科学立法、民主立法、依法立法，通过制定、修改、废止、解释法律和编纂法典等多种形式，增强立法的系统性、整体性、协同性、时效性（修正草案第十五条）；全国人大及其常委会作出有关法律问题的决定，适用本法的有关规定（修正草案第十七条）。七是总结实践经验，增加规定“专项立法计划”（修正草案第十六条）；全国人大常委会工作机构编制立法技术规范（修正草案第二十条）；全国人大常委会工作机构加强立法宣传工作，通过多种形式发布立法信息，介绍情况，回应关切（修正草案第二十二条）。八是总结实践做法，明确法律签署公布后，法律文本以及发布的公告，草案的说明、审议结果报告等，应当及时在全国人大常委会公报和中国人大网以及在全国范围内发行的报纸上刊载（修正草案第十九条）；同时，进一步明确地方性法规公布后，法规、条例文本以及发布的公告，草案的说明、审议结果报告等也要相应公开（修正草案第二十六条）。九是根据党中央精神和实践做法，明确基层立法联系点的地位和作用，增加规定：全国人大常委会工作机构根据实际需要设立基层立法联系点，深入听取基层群众和有关方面对法律草案和立法工作的意见（修正草案第二十一条）。

（五）适应监察体制改革需要补充相关内容。根据宪法和监察法的规定，与全国人大组织法等有关法律、决定相衔接，对监察委员会的有关内容作了如下补充完善：一是在有关立法权限的规定中明确：监察委员会的产生、组织和职权属于只能制定法律的事项（修正草案第七条）。二是在有关立法程序的规定中明确：国家监察委员会可以向全国人大及其常委会提出法律案、审查相关法规等方面的要求（修正草案第三十条、第三十七条第一项）。三是增加规定：国家监察委员会根据宪法和法律、全国人大常委会的决定，制定监察法规，报全国人大常委会备案（修正草案第三十六条）。

（六）完善地方性法规、规章的权限和程序。根据新情况新需要，总结实践经验，对地方性法规、规章的立法权限和程序作出修改完善：一是关于设区的市可以行使地方立法权的事项，将“环境保护”修改为“生态文明建设”，并增加规定“基层治理”（修正草案第二十四条、第二十八条）。二是贯彻国家区域协调发展战略，根据地方实践经验，增加规定：省、自治区、直辖市和设区的市、自治州的人大及其常委会根据区域协调发展的需要，可以协同制定地方性法规，在本行政区域或者有关区域内实施；省、自治区、直辖市和设区的市、自治州可以建立区域协同立法工作机制（修正草案第二十五条）。三是扩大规章的制定主体，根据有关法律规定和实践需要，在部门规章制定主体中增加规定“法律规定的机构”（修正草案第二十七条）。

（七）完善备案审查制度。对法规、规章和其他规范性文件实行备案审查，是维护国家法治统一的一项重要制度。贯彻党中央精神，总结近年来的实践经验，进一步完善备案审查制度。一是完善主动审查制度，明确专项审查相关内容，修改现行立法法第九十九条第三款并单列一条，第一款规定：全国人大专门委员会、常委会工作机构可以对报送备案的行政法规、地方性法规、自治条例和单行条例等进行主动审查，并可以根据需要进行专项审查；增加一款，作为第二款：国务院备案审查工作机构可以对报送备案的地方性法规、自治条例和单行条例，部门规章和省、自治区、直辖市的人民政府制定的规章进行主动审查，并可以根据需要进行专项审查（修正草案第二十九条）。二是建立健全备案审查衔接联动机制，增加规定：备案审查机关应当建立健全备案审查衔接联动机制，对应当由其他机关处理的审查要求或者审查建议，及时移送有关机关处理（修正草案第三十三条）。三是贯彻党中央精神，总结实践做法，明确法律法规清理制度，增加规定：对法律、行政法规、地方性法规、自治条例和单行条例、规章和其他规范性文件，应当根据维护法制统一的原则和改革发展的需要进行清理（修正草案第三十四条）。

此外，还作了一些文字表述和法律衔接方面的修改完善，并对个别条文顺序作了调整。

《中华人民共和国立法法（修正草案）》和以上说明，请审议。

第十四届全国人民代表大会宪法和法律委员会关于《中华人民共和国立法法(修正草案)》审议结果的报告

(2023 年 3 月 8 日第十四届全国人民代表大会第一次会议主席团第二次会议通过)

十四届全国人大一次会议主席团:

3 月 7 日上午,各代表团全体会议、小组会议审议了立法法修正草案。代表们普遍认为,立法法是规范国家立法制度和立法活动、维护社会主义法治统一的基本法律,是通过法律实施宪法有关规定的重要体现。修正草案以习近平新时代中国特色社会主义思想为指导,贯彻落实党的二十大精神、中央人大工作会议精神和党中央重大决策部署,总结新时代立法工作的新成果新经验，完善立法的指导思想和原则，健全宪法的实施和监督制度，完善立法权限、程序和备案审查制度，有利于加强和改进新时代立法工作，深入推进科学立法、民主立法、依法立法，进一步提高立法质量和效率，不断完善以宪法为核心的中国特色社会主义法律体系。立法法修改过程贯彻全过程人民民主重大理念，全国人大常委会两次进行审议，两次向社会公开征求意见，组织全国人大代表研读讨论，采取多种方式征求各方面意见。修正草案较好地吸收了各方面的意见，已经比较成熟，建议提请本次会议审议通过。同时，代表们也对修正草案提出了一些修改意见。宪法和法律委员会于3月7日晚召开会议，对修正草案进行认真审议，对代表提出的修改意见逐条研究。根据各代表团的审议意见和有关方面的意见，对修正草案共作了16处修改，其中实质性修改8处。主要修改是：

一、有的代表提出，党中央多次对加强重点领域、新兴领域、涉外领域立法提出明确要求，全国人大及其常委会贯彻党中央决策部署，积极推进相关领域立法，取得许多新成果新进展，建议总结实践经验，在立法法中明确相关要求。宪法和法律委员会经研究，建议增加规定：编制立法规划和立法计划，应当“按照加强重点领域、新兴领域、涉外领域立法的要求”，确定立法项目。

二、有的代表提出，为了推进高水平对外开放，按照党中央决策部署，全国人大常委会分别授权上海市人大及其常委会制定浦东新区法规、海南省人大及其常委会制定海南自由贸易港法规，作为新时代地方立法的新实践新发展，有必要在立法法中予以体现。宪法和法律委员会经研究，建议增加规定："上海市人民代表大会及其常务委员会根据全国人民代表大会常务委员会的授权决定，制定浦东新区法规，在浦东新区实施"；"海南省人民代表大会及其常务委员会根据法律规定，制定海南自由贸易港法规，在海南自由贸易港范围内实施"。同时，对上述法规报送备案的相关要求作出规定。

三、修正草案第三十一条中规定，全国人大专门委员会、常委会工作机构对行政法规、地方性法规、自治条例和单行条例进行审查，认为同宪法或者法律相抵触，或者存在合宪性、合法性问题的，可以向制定机关提出书面审查意见，制定机关应当研究提出是否修改的意见。有的代表提出，制定机关收到审查意见后，根据具体情况可以进行修改，也可以予以废止，建议增加规定"废止"作为处理方式。宪法和法律委员会经研究，建议采纳这一意见。

四、关于赋予不设区的地级市地方立法权问题。2015 年十二届全国人大三次会议修改立法法，赋予所有设区的市、自治州地方立法权；同时赋予四个不设区的地级市即广东省东莞市和中山市、甘肃省嘉峪关市、海南省三沙市（现为设区的市）地方立法权。有的代表提出，海南省儋州市属于不设区的地级市，建议比照先前的做法赋予其地方立法权。宪法和法律委员会经研究，建议采纳这一意见，采取上次修法时的做法，不在法律中作出规定，而在本次大会拟通过的关于修改立法法的决定中对此予以明确。

需要说明的是，有些代表还对完善立法权限和立法体制机制，开展立法协商，加强立法后评估等工作制度，督促有关国家机关及时作出配套规定，进一步加强和改进新时代立法工作等，提出了一些意见建议。宪法和法律委员会经研究认为，有的已在有关法律法规和文件中作出具体规定，有的可以进一步探索，有的可以通过加强改进工作予以解决。考虑到这次修改是部分修改，属于可改可不改的，一般不作修改，对代表提出的意见建议，可继续加强研究或者在具体工作中考虑。

此外，根据代表们的审议意见，还对修正草案作了一些文字修改，对个别条文顺序作了调整。

宪法和法律委员会已按上述意见提出了全国人民代表大会关于修改《中华人民共和国立法法》的决定（草案），建议经主席团审议通过后，印发各代表团审议。

修改决定草案和以上报告，请审议。

第十四届全国人民代表大会宪法和法律委员会

2023 年 3 月 8 日

第十四届全国人民代表大会宪法和法律委员会关于《全国人民代表大会关于修改〈中华人民共和国立法法〉的决定（草案）》修改意见的报告

（2023 年 3 月 9 日第十四届全国人民代表大会第一次会议主席团第三次会议通过）

十四届全国人大一次会议主席团：

3 月 8 日下午，各代表团全体会议、小组会议对全国人民代表大会关于修改立法法的决定草案进行了审议。代表们普遍认为，修改决定草案在认真研究并充分吸收代表提出意见的基础上，作了相应的修改完善，赞成将修改决定草案提请本次大会表决通过。同时，有些代表还提出了一些修改意见。宪法和法律委员会于3月8日晚召开会议，对修改决定草案进行认真审议，对代表提出的修改意见逐条研究。宪法和法律委员会认为，修改决定草案是可行的，同时，根据各代表团的审议意见，提出以下修改意见：

有些代表提出，基层立法联系点是践行全过程人民民主重大理念的一个生动实践，不仅全国人大常委会工作机构设立了基层立法联系点，多数省级和设区的市级人大常委会也设立了基层立法联系点，建议补充相关内容。宪法和法律委员会经研究，建议采纳这一意见，增加规定："省、自治区、直辖市和设区的市、自治州的人民代表大会常务委员会根据实际需要设立基层立法联系点，深入听取基层群众和有关方面对地方性法规、自治条例和单行条例草案的意见。"

宪法和法律委员会经研究，建议将本决定的施行时间确定为2023年3月15日。

此外，根据代表们的审议意见，还对修改决定草案作了一些文字修改。

修改决定草案表决稿已按上述意见作了修改，建议经主席团审议通过后，提请大会全体会议表决。

修改决定草案表决稿和以上报告，请审议。

第十四届全国人民代表大会宪法和法律委员会

2023年3月9日